AF136228

BEI GRIN MACHT SICH IHR WISSEN BEZAHLT

- Wir veröffentlichen Ihre Hausarbeit,
  Bachelor- und Masterarbeit

- Ihr eigenes eBook und Buch -
  weltweit in allen wichtigen Shops

- Verdienen Sie an jedem Verkauf

Jetzt bei www.GRIN.com hochladen und kostenlos publizieren

Strategische Analysemethoden und Corporate Identity in der Fitness- und Gesundheitsbranche

Isabel Ackermann

Bibliografische Information der Deutschen Nationalbibliothek:

Die Deutsche Nationalbibliothek verzeichnet diese Publikation in der
Deutschen Nationalbibliografie; detaillierte bibliografische Daten sind
im Internet über http://dnb.d-nb.de abrufbar.

ISBN: 9783346632388
Dieses Buch ist auch als E-Book erhältlich.

Druck und Bindung: Books on Demand GmbH, Norderstedt Germany
Gedruckt auf säurefreiem Papier aus verantwortungsvollen Quellen

Das vorliegende Werk wurde sorgfältig erarbeitet. Dennoch
übernehmen Autoren und Verlag für die Richtigkeit von Angaben,
Hinweisen, Links und Ratschlägen sowie eventuelle Druckfehler keine
Haftung.

Das Buch be GRIN: https://www.grin.com/document/1190020

Deutsche Hochschule für

Prävention und Gesundheitsmanagement

Hermann Neuberger Sportschule 3

66123 Saarbrücken

Einsendeaufgabe

Fachmodul:	Marketing II
Studiengang:	Fitnessökonomie
Datum **Präsenzphase**	**08.07.2019-11.07.2019**
Name, Vorname:	Ackermann, Isabel
Studienort:	**München**
Semester:	**SS2019**

Inhaltsverzeichnis

1 Preismanagement und Kooperation

1.1 Preiselastizität der Nachfrage

Formeln: $(\varepsilon) = \dfrac{\text{Änderung der Menge in \%}}{\text{Änderung des Preises in \%}}$

$\text{Änderung der Menge in \%} = \dfrac{Menge\,(neu) - Menge\,(alt)}{Menge\,(alt)}$

$\text{Änderung des Preises in \%} = \dfrac{Preis\,(neu) - Preis\,(alt)}{Preis\,(alt)}$

Daraus folgt:

$\text{Änderung der Menge in \%} = \dfrac{2400 - 2700}{2700} = -0,1111$

Die Menge ändert sich um -11,11%.

$\text{Änderung des Preises in \%} = \dfrac{45,90\,\text{€} - 40,90\,\text{€}}{40,90\,\text{€}} = 0,1222$

Der Preis ändert sich um 12,22%.

$(\varepsilon) = \dfrac{-11,11}{12,22} = -0,91$

Da $(\varepsilon) < |1|$, liegt eine unelastische Nachfrage des Preises vor.

Je unelastischer die Nachfrage auf eine Preisänderung reagiert, desto eher lohnt es sich für das Unternehmen eine Preisänderung vorzunehmen. Mit einem Wert von 0,91 liegt die Elastizität zwar noch im unelastischen Bereich, die Nachfrage geht aber schon spürbar zurück. Durch Schaffung eines Mehrwertes für die Mitglieder kann hier einer zu hohen Kündigungsrate entgegen gewirkt werden (Kotler & Bliemel, 2006, S. 826 f.). Dieser Mehrwert sollte dann unter den Mitgliedern kommuniziert und erläutert werden.

1.2 Preisbildung

1.2.1 Anlässe der Preisbildung

Nach Meffert, Burmann et al. (2015) gibt es verschiedene Anlässe zur Preisbildung. Bei der X&Y Health GmbH passt am besten der Anlass der Markterschließung. Auch wenn der Markt „Deutschland" nicht neu ist, sind doch neue Standorte geplant und somit wird der lokale Markt erschlossen.

Nach der Ansoff-Matrix (Meffert, Burmann et al., 2015, S. 254) wird eine Marktdurchdringung als Produkt-/ Leistungsstrategie angestrebt. Sowohl der Markt als auch das Produkt sind bereits vorhanden. Mit neuen Standorten soll so der eigene Marktanteil gesteigert und die Konkurrenz verdrängt werden.

1.2.2 Kostenorientierte Preisbildung

Aus dem kostenorientierten Ansatz auf Basis des Zuschlagsverfahrens nach Dunker, (2006) ergibt sich folgende Rechnung:

variable Kosten:	8,50€ p.P. und Monat (netto)
	8,80€*1,19=10,12€ p.P. und Monat (brutto)
Fixkosten:	650000€ p. Jahr (netto)
	650000€*1,19=773500€ p. Jahr (brutto)
	773500€/12=64458,33€ p. Monat (brutto)
erwartete Mitglieder:	2800
Gewinnaufschlag:	15%

$$St\ddot{u}ckkosten = variable\ Kosten + \frac{fixe\ Kosten}{Absatz}$$

$$St\ddot{u}ckkosten = 10,12\ \text{€} + \frac{64458,33\ \text{€}}{2800} = 33,14\ \text{€}$$

$$Gewinnzuschlag = St\ddot{u}ckkosten * Gewinnaufschlag$$

$$Gewinnzuschlag = 33,14\ \text{€} * 0,15 = 4,97\ \text{€}$$

$$Preis\ mit\ Gewinnzuschlag = St\ddot{u}ckkosten + Gewinnzuschlag$$

$$Preis\ mit\ Gewinnzuschlag = 33,14\ \text{€} + 4,97\ \text{€} = 38,11\ \text{€}$$

Der endgültige Mitgliedsbeitrag (pro Monat) beträgt nach dieser Rechnung 38,11€.

1.2.3 Konkurrenzorientierte Preisbildung

Bei der Konkurrenzorientierten Preisbildung wird der Preis unabhängig von den eignen Kosten und der Leistungsnachfrage an der Konkurrenz festgemacht (Weis, 2012, S.388). Das heißt aber nicht zwangsläufig, dass wir den in 1.2.2 ermittelten Beitrag senken müssen und damit die Wirtschaftlichkeit des Unternehmens gefährden. Durch eine Senkung des Mitgliederbeitragen würden die Stückkosten, ohne Gewinnaufschlag, nicht mehr gedeckt sein. Dies wäre nur der Fall, wenn der Mitgliederbestand um ca. 460 Mitglieder erhöht werden könnte.

Rechnung

$$Stückkosten = 29,90 \, € = 10,12 \, € + \frac{64458,33}{x}$$

$$x = \frac{64458,33 \, €}{29,90 \, € - 10,12 \, €} = 3258,76 \sim 3259$$

$$3259 - 2800 = 459$$

Sinnvoller ist eine genauere Abgrenzung zum Mitbewerber. Zusätzlich kann ein Mehrwert geschaffen werden, der die 5€ bis 10€ aus Kundensicht rentabel macht. Hierfür kommt ein kostengünstiges Zusatzangebot oder eine lukrative Kooperation mit einem anderen Unternehmen in Frage.

2 Strategische Analysemethode

2.1 Five-Forces-Modell

2.1.1 Ersatzprodukte

Ersatzprodukte für Freeletics sind zum Beispiel klassische Fitnessstudio oder MIRROR. Wobei MIRROR Freeletics am ähnlichsten ist. Da die Anschaffung des Systems aber mit erheblichen Kosten verbunden ist (MIRROR.co) und sich Freeletics auch neben klassischen Fitnessstudios hervorragend positioniert hat, stellen beide Alternativen keine Existenzbedrohung für Freeletics da.

2.1.2 Mitbewerber

Mitbewerber gibt es viele auf dem Markt, zum Beispiel Gymondo oder Runtastic. Hierbei ist die Freeletics Community ein besonderer Faktor um sich von den anderen Fitness-Apps abzuheben. Auch der Einsatz des KI-Coaches ist ein besonderes Merkmal zur Abgrenzung.

2.1.3 potenzielle Mitbewerber

Einige klassische Fitnessstudios setzten vermehrt auch auf Apps für ihre Mitglieder. Sie verbinden damit die Vorteile jederzeit und überall trainieren zu können, wenn man seinen Trainingsplan immer dabei hat und die Vorteile einer professionellen Trainingsbetreuung im Studio und die Abwechslung durch Kurse. Gerade für die Einzelbetriebe lohnt sich die Implementierung einer eigenen App allerdings nicht. Damit bleibt Freeletics auch im Hinblick auf potenzielle Mitbewerber unberührt.

2.1.4 Kunden

Freeletics mit seinem System spricht überwiegend die junge, technikaffine Generation an. Am besten Sportler, welche schon Erfahrung mit Krafttraining und auch funktionellem Training haben. Der einzelne Kunde ist für Freeletics nicht ausschlaggebend.

2.1.5 Zulieferer

Im Bereich Freeletics Wear spielt der Zulieferer eine besondere Rolle. Sollte es allerdings zu Unstimmigkeiten kommen, kann Freeletics einfach den Zulieferer wechseln. Das Unternehmen sonst ist von Zulieferern unbeeinflusst.

2.2 Durchführung einer SWOT-Analyse

2.2.1 Strength – Stärken

Tab. 1: Stärken Freeletics GmbH

Kundenbewertung	Marktposition	Laufzeiten
Die Freeletics-App hat im Apple-Store 4,6 von 5 Sternen. Die ersten Bewertungen sind sehr positiv und motivieren gleich zu starten und sich dem Erfolg der Anderen anzuschließen. Die ersten kritischen Bewertungen beziehen sich auf kleinere Fehler mit der Bitte diese schnellst möglich zu beheben. Besonders positiv fällt auf, dass unter jeder kritischen Rezension eine kleine Stellungnahme vom Entwickler steht. Auch immer mit dem Hinweis, sich jederzeit an den Support wenden zu können.	Mit seinem Angebot zielt Freeletics auf eine junge, dynamische und sehr flexible Zielgruppe. Das Leben läuft gefühlt immer schneller an einem vorbei, die Karriere und die Familie beanspruchen den größten Teil des Tages und sich lange binden ist für viele Menschen nicht besonders attraktiv. Da kommt das zudem sehr günstige Angebot jederzeit und überall sein eigenes, individuelles Trainingsprogramm durchführen zu können sehr gelegen. Zudem dauert eine Trainingseinheit höchsten 45 Minuten. Dazu kommt die Vielseitigkeit des Unternehmens mit Ernährungstipps, Community und einem Shop (Freeletics, 2019).	Durch drei verschiedene Laufzeiten für das Abo werden unterschiedliche Interessenten angesprochen. Zum Testen eignet sich die dreimonatige Laufzeit. Gefällt einem die App und man möchte sich auch noch etwas Geld sparen, kann die Laufzeit auf sechs oder zwölf Monate erweitert werden. (Freeletics, 2019)

2.2.2   Weaknesses – Schwächen

Tab. 2: Schwächen Freeletics GmbH

Häufiges Abstürzen der App	Produktübersicht	Schwierigkeitsstufe der Workouts
In den Kundenrezensionen im App-Store findet man viele schlechte Bewertungen wegen des häufigen Abstürzens der App. LP-Soldier schreibt zum Beispiel am 12.07.2019: „[…] innerhalb der letzten 2,5 Wochen ist mir das bei mir 5 Workout passiert und ich musste nochmal Neustarten. […]" TimSell, 23.02.2019: „Stürzt leider sofort nach dem öffnen ab […]" Kolltschi 23.02.2019: „App stürzt ständig ab…" Clubatronic, 22.02.2019: „Seit einiger Zeit (min. 2 Monate!) hängt sich die App regelmäßig mitten im Workout auf, […]" Sejin_Sensnu. 9.11.2018: „Es ist absolut uncool, das(s) die App sehr oft einfriert." An dem Datum der Rezensionen lässt sich erkennen, dass das Problem schon länger besteht und sich nicht nur auf einen kleinen Zeitraum beschränkt. Gerade im Training ist es für die Trainierenden besonders demotivierend, wenn die App ständig abstürzt oder einfriert.	Zur Freeletics GmbH gehören insgesamt fünf Produkte (Freeletics Bodyweight, Freeletics Running, Freeletics Gym, Freeletics Nutrition und Freeletics Wear). (Freeletics, 2019) Für den Interessenten kann es sehr unübersichtlich sein, wofür welches Produkt gebraucht wird und wo die Unterschiede liegen.	Für viele Anfänger sind die Workouts von Freeletics zu schwierig. Auch ist keine Kontrolle der Ausführung gegeben. Es kann nicht gewährleistet werden, dass die Übungen korrekt ausgeführt werden. Dadurch können Verletzungen und Folgeschäden entstehen (Fit volution, 2019). Für Trainingsanfänger ist das freie Training ohne Trainer oftmals ernüchternd und kann dazu führen, Kunden zu verlieren.

2.2.3   Opportunities – Chancen

Tab. 3: Chancen Freeletics GmbH

Marktgebiet	Marktwachstum	Fortschritt der Technologie
Zu den Chancen der Freeletics GmbH gehört die große Reichweite der potenziellen Kunden (Gründerszene, 2015 & Gründerszene 2019). Das Unternehmen ist nicht an ein bestimmtes Marktgebiet gebunden, sondern kann von allen Menschen mit Internetzugang genutzt werden. Somit ist das Training und die Ernährungsweise nicht nur von Zuhause und an einem bestimmten Standort möglich, sondern auch unterwegs oder im Urlaub/ Geschäftsreisen.	Der Fitnessmarkt wächst in Deutschland weiter. Immer mehr Menschen trainieren in Fitnessstudios oder sind in einem Sportverein gemeldet (Deloitte, 2019). Davon profitieren auch die Online-Fitness-Anbieter. Wer sich nicht in einem Fitnessstudio anmelden will und auch kein Vereinssportler ist, kann mit Hilfe dieser Apps sein Training von Zuhause aus absolvieren.	Die Technik wird immer ausgefeilter und auch die Digitalisierung bietet immer mehr Möglichkeiten. Freeletics kann mit seinem Konzept der Trainingsindividualisierung und des KI-Coaches in Zukunft weitere bahnbrechende Erneuerungen auf den Markt bringen. Natürlich gekoppelt an seine bisherigen Apps und seine Community.

2.2.4 Threats – Risiken

Tab. 4: Risiken Freeletics GmbH

Vielfältige Konkurrenz	Auffindbarkeit im Apple-Store	Ausgrenzung der Generation 60+
Neben Freeletic gibt es noch zahlreiche andere Fitness-Apps auf dem Markt und es werden immer mehr. Mittlerweile implementieren auch immer mehr klassische Fitness-Studios ihre eigenen Apps. Der Konkurrenzdruck steigt also stetig und es wird immer wichtiger sich von Mitbewerbern abzuheben.	Die Auffindbarkeit der App im App-Store ist nicht sehr gut. Kennt ein potenzieller Kunde die App noch nicht mit Namen oder kann sich gegebenenfalls nicht genau erinnern, muss er eher per Zufall suchen. Bei dem Suchbegriff „Fitness" landet Freeletics im Apple-Store auf Platz 9, beim Suchbegriff „Workout" ist es gar nicht auffindbar und wenn man nur nach Sport-Apps sucht, ist Freeletics erst auf Platz 18.	Freeletics und generell Fitness-Apps bieten eine Vielzahl an Möglichkeiten seinen Sportalltag zu gestalten. Die Zielgruppe wird durch das Medium allerdings grundlegend beschränkt. Auch wenn immer mehr ältere Menschen mittlerweile Internet und Mobileendgeräte besitzen, wird doch eine große Zahl ausgegrenzt. Klassischen Fitnessstudios kann unter diesem Punkt keine Konkurrenz gemacht werden.

2.3 Erstellung einer SWOT-Matrix

Tab. 5: SWOT-Matrix Freeletics GmbH

SWOT-Matrix		Externe Analyse	
		Chancen (Opportunities)	Risiken (Threats)
Interne Analyse	Stärken (Strengths)	• Mithilfe von guten Kundenbewertung das Image stärken und das Marktgebiet ausdehnen. Zum Beispiel in andere Länder oder Regionen. • Durch verschiedenen Laufzeiten, von monatlich über halbjährlich bis hin zu Jahresverträgen, der eher jungen Zielgruppe entgegenkommen und „schnupper" Abos anbieten. • Technologischen Fortschritt nutzen und USP unter den digitalen Fitness-Anbieter schaffen.	• Durch innovative Technologie von der Konkurrenz absetzten • Die Auffindbarkeit im App-Store verbessern und den Marktanteil vergrößern • mögliche Verluste, durch das Fehlen der Generation 60+, mit Hilfe vom wachsenden Markt und der nachwachsenden Generation auffangen.
	Schwächen (Weaknesses)	• Genauere Differenzierung der Produkte. • Behebung der technischen Defizite, ggf. Einrichtung einer gesonderten Arbeitsgruppe nur für technischen Support. • Überarbeitung des Algorithmus zur Leistungsanpassung. Abbau des negativen Images „Freeletics ist zu schwierig für Anfänger"	• Durch Verbesserte Technik von der Konkurrenz abheben. • In die Auffindbarkeit im Store investieren. • Empfehlungsmanagement einführen und Userzahl vergrößern

2.4 BCG-Portfolio und Produktlebenszyklus

2.4.1 BCG-Portfolio

Fitness-Apps im Allgemeinen hatten einen Umsatz von 52 Millionen Euro im Jahr 2018. Bis 2023 wird ein Anstieg auf 88 Millionen Euro erwartet (Statista, 2019). Der Marktanteil von Fitness-Apps weitet sich also in den nächsten Jahren noch weiter aus. Zusätzlich wächst der Markt von Fitness-Apps immer weiter an. Nach einer Studie von Bitkom benutzten fast 45% aller Smartphone-Nutzer eine Fitness- oder Gesundheitsapp. Nur 10% können sich nicht vorstellen, Apps zu diesem Zweck zu benutzen (Richter, 2017).

Daher sind Fitness-Apps nach der Vier-Felder-Matrix der Boston Consulting Group als „Stars" einzustufen.

2.4.2 Produktlebenszyklus

Betrachtet man die Freeletics GmbH anhand des Produktlebenszyklus, so befindet sie sich in der Wachstumsphase. Anders als bei anderen Produkten investiert Freeletics bereits jetzt deutlich. Seit 2017 sind die Investitionen gestiegen und 2019 soll das Unternehmen gar keinen Gewinn mehr verzeichnen, sondern alles investieren (Gründerszene, 2019). Das Start-up aus München ist mit einem schmalen Budget in den Markt eingetreten. Ein Youtube-Video mit einem „Testimonial" und die Verbreitung über Facebook und anderen Blogs verhilft dem Produkt zum Durchbruch. Für jeden Interessenten gibt es ein sechswöchiges gratis Workout. Durch die Hilfe der Feedbacks wird das Produkt weiter entwickelt (Eisenbrand, 2015). Es war also zum Markteintritt noch kein fertiges Produkt. Anders als im idealtypischen Produktlebenszyklus verschwimmen bei Freeletics die Entwicklungsphase und die Wachstumsphase mit einander, da die Entwicklung des Produktes noch nicht abgeschlossen war und immer weiter voran getrieben wurde, je bekannter das System wurde.

2.5 Fazit

Aus der voran gegangen Analyse lässt sich erkennen, dass die Einführung einer Fitness-App im eigenen Unternehmen Sinn ergibt. Gerade die jüngeren Kunden kann man damit für das Training begeistern. Auch eine Kooperation mit einer bereit vorhanden App ist denkbar, da die Qualität von beginn an sehr hoch sein sollte um potenzielle Kunden nicht zu vergraulen. Die SWOT-Analyse und das BCG-Portfolio haben gezeigt, dass gerade im digitalen Markt noch viel Marktwachstum besteht und sich Investitionen in diesem Bereich lohnen.

3 Corporate Identity

3.1 Interview-Analyse

3.1.1 Sechs Anzeichen einer Überarbeitung der Corporate Identity

→ Optische Modernisierung der Clubs

→ Neues, innovatives Clubkonzept (Hamburg)

→ Neues Kurskonzept (Bike&Beats und „Local Classes")

→ Mitarbeiterschulung

→ Änderung des Logos (Farbe und Design)

→ Fitness Freitag

3.1.2 Allgemeine Gründe für eine neue Ausrichtung der Corporate Identity

Im Prozess der Erarbeitung der Corporate Identity von Kreutzer at al. (1989) ist die Kontrolle ein fester Bestandteil. Dies bedeutet, dass die Corporate Identity nicht für die Ewigkeit fest gelegt und unveränderlich ist.

Bei einem Wechsel des Geschäftsmodells ist eine Änderung der Corporate Identity zum Beispiel empfehlenswert um Kunden und Interessenten auf die neue Ausrichtung aufmerksam zu machen. Ebenso kann durch eine neue Corporate Identity ein negatives Markenimage verbessert werden, wenn diese Veränderungen auch intern durchgesetzt werden und nicht nur nach außen kommuniziert werden. Wenn konkurrierenden Unternehmen an Marktanteilen gewinnen, kann eine Veränderung der Corporate Identity helfen die eigene Persönlichkeit des Unternehmen zu präzisieren und sich von der Konkurrenz abzuheben. Ein veraltetes Unternehmensbild kann dazu führen, dass sich die nachwachsende Generation nicht mehr vom Unternehmen angesprochen fühlt und dadurch Kunden verloren gehen. Ein gut durchdachtes ReBranding kann dabei helfen, neue Kunden zu gewinnen ohne den Kundenstamm zu verlieren.

FitnessFirst wollte durch sein ReBranding ihr veraltetes Image aufpolieren und sich deutlicher von Mitbewerbern unterscheiden. Im Interview sagt der CEO Martin Seibold „[...], dass wir [...] ein wenig eingestaubt waren" und „in diesem Punkt möchten wir uns von unseren Mitbewerbern unterscheiden" (Gatza, P., 2017).

3.1.3 Recherche weiterer Unternehmen

Tab. 6: Unternehmen mit Überarbeitung der CI

Unternehmen	Veränderung	Anlass/ Beweggründe	Quelle
Vodafone	Design: von roter Box zu Rhombus Communication: dynamisch und kraftvoll	Digitalisierung	Saal, 2013
Commerzbank	Design: Farben, Schirftbild, Designfelder Communication: Initiative, Verlässlichkeit und Leistungsstärke	Neue strategische Ausrichtung, Übernahme Dresdener Bank	Fackler, 2007
Bosch	Desgin: „Supergraphic" Farben von Rot über Blau bis Grün Unternehmensslogan: „Invented for Life" Communication: Vielfältigkeit und Individualität im Leben.	Wettbewerb durch digitale Vernetzung	Bialek & Buchenau, 2016
Daimler AG	Design: farbliche Anpassung (Silber)	Betonung auf Premiumanspruch, klares Statement als „High-Tech-Unternehmen", noch wertiger und innovativer, Annäherung an Mercedes-Benz	Schaffrinna, 2015

3.2 Marktstrategien

3.2.1 Wettbewerbsstrategie Fitness First

Fitness First verfolgt die Wettbewerbsstrategie der Differenzierung. Durch eine Modernisierung ihres Produktes, neue innovative Clubkonzepte und bessere Qualitätsstandart versucht sich Fitness First von anderen Anbietern abzugrenzen. „Als erster Fitness-Anbieter in Deutschland" hat Fitness First den Workout Trend „Bike & Beats" aus den USA übernommen und heben sich durch neue Trends von anderen Studios ab (Gatza, P., 2017).

Weitere Marktstrategien sind die Strategie der Kostenführerschaft, welche zum Beispiel von McFit verfolgt wird oder die Nischenstrategie wie zum Beispiel von Soul Cycling.

3.2.2 Strategien auf Basis der Produkt-Markt-Matrix nach Ansoff

Fitness First wendet mit den neuen Kursen wie „Bike & Beats" die Strategie der Produktentwicklung an. Hier werden neue Produkte (neue Kurse) für den bestehenden Markt angeboten (Weis, 2012, S.161).

Zusätzlich wird eine Marktdurchdringung angestrebt, indem der Kundendienst verbessert wird und somit Neukunden, evtl. von Konkurrenten, gewonnen werden (Weis. 2012, S. 160).

4 Digitalisierung in der Fitness- und Gesundheitsbranche

4.1 Vorschläge zur Umgestaltung

4.1.1 Einrichtung Website und ggf. eigene App

Die Website ist das Aushängeschild für jedes Unternehmen. Interessiert sich ein potenzieller Kunde für das Fitnessstudio schaut er sich meistens erst einmal die Website an und informiert sich. Auch für Mitglieder ist es wichtig regelmäßig informiert zu werden. Wie sind die Trainer- und Telefonzeiten? Wann findet welcher Kurs, in welchem Raum statt? Gibt es wichtige Ankündigungen im laufenden Betrieb? Solche Informationen können gut und schnell über eine regelmäßig gepflegte Website geteilt werden. Zusätzlich ist die Implementierung einer eigenen Fitness-App überlegenswert. Diese sollte Informationen über den eigenen Trainings- und Ernährungsplan enthalten, die letzten Check-ins anzeigen und wenn möglich auch die Qualität der letzten Trainingseinheiten beurteilen. Außerdem sollte es die Möglichkeit geben, nach zu verfolgen, wann das letzte Trainergespräch stattgefunden hat oder wann das letzte Personal Training.

4.1.2 Buchungen über Website ermöglichen

Probetraining, Personal Training, Trainergespräche oder Kurse können ganz einfach und bequem von zu Hause aus übers Internet gebucht werden. Auf der Website lässt sich ein Tool einfügen der zu einem Online-Kalender führt. Dort sieht man an welchen Tagen zu welcher Uhrzeit noch ein Termin verfügbar ist oder in welchem Kurs noch ein Platz frei ist und kann sich gleich einbuchen. Eine automatische Bestätigungsemail rundet das Ganze ab und gibt dem Kunden gleichzeitig Rückmeldung, dass der Termin für ihn reserviert ist. Bei Anfragen für ein Probetraining empfiehlt sich zusätzlich die persönliche Kontaktaufnahme per Telefon.

4.1.3 Modernisierung des Geräteparks

Veränderungen beginnen oft mit dem äußerlich sichtbaren. Auch wenn der alte Gerätepark noch gut ist und ggf. einwandfrei funktioniert, sollte im Zuge einer Modernisierung auch der Gerätepark erneuert werden. Immerhin sind es die Geräte, die der Kunde am häufigsten benutzt. Besonders in einem stark umkämpften Markt zählt oft, je innovativer desto interessanter. Hier empfehlen sich die Geräte von Technogym und eGym. Die einzelnen Geräte sind untereinander vernetzt und stellen sich automatisch auf den Benutzter ein. Für die eGym Geräte gibt es zusätzlich bereits eine App, welche das Training unterstützt.

4.1.4 Kurstrends aufgreifen

Im Zuge der Modernisierung sollte auch der Kursplan erneuert werden. Dabei ist zu beachten, dass gerade die gut besuchten Kurse im Programm erhalten bleiben und am besten auch zu den bisherigen Zeiten angeboten werden. Dennoch kann man neue Kurstrends wie zum Beispiel Yoga oder tänzerische Kurse mit einbauen. Auch Kurse mit einem HIIT Programm oder an bestimmte Kampfsportarten angelehnt sind denkbar.

Im Allgemeinen sollte das Kursprogramm alle Trainierenden ansprechen. Auch Krankenkassen Zertifizierte Kurse sollten angeboten werden.

4.2 Risiken:

4.2.1 Ü50 Stammkunden verlieren

Viele Erneuerungen und Modernisierungen bringen immer das Risiko mit sich, die Stammkundschaft zu vergraulen. Oftmals liegt es aber nicht an der Modernisierung an sich, sondern mehr an der Scheu vor neuen Geräten. Viele Menschen wissen dann nicht mehr wie sie die Geräte benutzen sollen, ob sie mit dem Training zurecht kommen und fühlen sich häufig allein gelassen und überfordert.

4.2.2 Tragbarkeit der Investitionen

Veränderungen sind immer mit Kosten verbunden. Gerade wenn sich viel modernisieren soll (neuer Gerätepark, neue Website, neue Kurse), muss auch viel investiert werden. Diese Investitionen müssen sich auch rechnen und wirtschaftlich tragbar sein

4.2.3 Anlauf Schwierigkeiten/ Kinderkrankheiten der App

Bis eine neue Website und auch eine neue entwickelte App richtig läuft und von meistens vielen kleinen Fehlern behoben ist, braucht es Zeit. Es besteht das Risiko, Kunden gerade zu Beginn für die neue App zu verlieren, wenn diese nicht funktioniert.

4.2.4 Laufenden Kosten/ Personalkosten

Nicht nur die Grundinvestitionen für den Gerätepark oder die Entwicklung der App müssen einkalkuliert werden, auch die laufenden Kosten durch evtl. Lizenzen oder auch durch das Personal müssen gedeckt bleiben. Vor allem in der Einführungsphase für die neuen Geräte ist mit erhöhten Personalkosten zu rechnen, da alles erklärt und gezeigt werden muss.

4.3 Möglichkeiten Risikominimierung:

4.3.1 Ü50 Stammkunden halten

Zu den Onlinevarianten zur Termin- und Kursbuchung sollte weiterhin die bekannten Möglichkeiten vorhanden bleiben. Die Mitglieder können so frei entscheiden, ob sie lieber von zu Hause aus Termine buchen oder sich an des Thekenpersonal vor Ort wenden. Dadurch holt man auch die ältere Generation mit und stellt sie nicht vor vollendete Tatsachen.

4.3.2 Finanzplan

Ein guter Finanzplan ist unabdingbar um die Wirtschaftlichkeit in Zukunft aufrecht zu erhalten. Es sollten langfristige Darlehen mit der Bank ausgehandelt werden, welche auch ein Sondertilgungsrecht beinhalten. In besonders ergiebigen Zeiten kann dadurch flexibler gehandelt werden. Ebenso die Möglichkeit Tilgungsraten kurzfristig zu senken, wenn es mit der Liquidität doch einmal knapp wird. Zusätzlich sollte im Unternehmen ein Liquiditätsplan aufgestellt werden, um die Ausgaben besser planen zu können.

4.3.3 Testphase der App

Bevor die App für alle Mitglieder zur Verfügung steht, sollte eine interne Testphase durchgeführt werden. Sowohl die Mitarbeiter, als auch begeisterte Mitglieder können dafür herangezogen werden. Diese sollen drei bis vier Monate mit der neuen App trainieren und regelmäßig (z.B. wöchentlich) Feedback geben. Wie hat die App funktioniert? Gab es Ladeprobleme vor, im oder nach dem Training? Wie übersichtlich ist die App gestaltet? Welche Funktionen werden am Häufigsten genutzt? Welche fehlen? Dabei ist auch eine schnelle Umsetzung und Fehlerbehebung unabdingbar. Erst nach dieser Testphase kann die App im Fitnessstudio veröffentlicht und beworben werden.

4.3.4 Laufende Kosten/ Personalkosten

Gerade die Personalkosten lassen sich durch einen effektiven aber auch flexiblen Arbeitsplan in den Griff bekommen. Dazu zählt zum Beispiel, dass Mitarbeitern, wenn nur wenige Mitglieder im Training sind und sie nicht zwingend gebraucht werden, früher Feierabend machen können, oder später anfangen. Trotzdem sollte immer ein Ansprechpartner während der Trainerzeiten zur Verfügung stehen.

Die Einweisungstermine in die neuen Geräte können in kleinen Gruppen (drei bis vier Trainierende) stattfinden. Dabei ist darauf zu achten, dass möglichst Mitglieder vom gleichen Leistungsstand zusammen eingeführt werden. Dadurch spart man nicht nur Personal, man verbindet auch gleich Mitglieder untereinander.

5   Literaturverzeichnis

Bialek, C., & Buchenau, M., (2016). Neues Corporate Design. *Die neue Bosch-Welt ist bunt.* Zugriff: 14.07.2019

Verfügbar unter:

https://www.handelsblatt.com/unternehmen/industrie/neues-corporate-design-innovationsanspruch-boschs-wird-nicht-eingeloest/13365830-2.html

Deloitte (2019). Der deutsche Fitnessmarkt 2019. *Weiter auf Wachstumskurs – und das Potenzial ist noch nicht ausgeschöpft.* Zugriff: 16.07.2019

Verfügbar unter:

https://www2.deloitte.com/de/de/pages/presse/contents/Der-deutsche-Fitnessmarkt-2019.html

Dunker, M. (2006). *Marketing* (Das @Kompendium, 2. Aufl.). Rinteln: Merkur.

Eisenbrand, R. (2015). Diese drei Typen haben mit einem Youtube-Video, einem Newsletter und drei PDF-Dateien angefangen. Zugriff: 26.07.2019

Verfügbar unter:

https://omr.com/de/die-freeletics-story-diese-drei-typen-haben-mit-einem-youtube-video-einem-newsletter-und-drei-pdfs-angefangen-und-sind-dank-cleverem-marketing-heute-millionaere/

Fackler, A. (2007). Neues Corporate Design der Commerzbank. *Interview mit Thomas Klein von Metadesign.* Zugriff: 14.07.2019

Verfügbar unter:

https://www.designmadeingermany.de/magazin/2/corporate-design-commerzbank/

Freeletics (2019). *Presskit.* Zugriff: 26.07.2019

Verfügbar unter:

https://www.freeletics.com/en/press/wp-content/uploads/sites/24/2019/03/Freeletics_PressKit_DE_v5_small.pdf

Fit volution (2019). Freeletics Übungen. *Eine kritische Betrachtung eines Fitness-Trends.* Zugriff: 16.07.2019

Verfügbar unter: https://fitvolution.de/freeletics/

Gatza, P. (2017). „Wir wollen ein Zeichen setzen!" Interview mit Fitness First CEO
Martin Seibold. Zugriff: 26.07.2019

Verfügbar unter:

https://blog.fitnessfirst.de/interview-fitness-first-ceo-martin-seibold/

Gründerszene (2015). Freeletics. Zugriff: 26.07.2019

Verfügbar unter:

https://www.gruenderszene.de/datenbank/unternehmen/freeletics

Gründerszene (2019). Freeletics wird 2019 keinen Gewinn mehr machen.

Zugriff: 26.07.2019

Verfügbar unter:

https://www.gruenderszene.de/business/freeletics-geschaeftszahlen-2017?inters
titial

Kotler, P. & Bliemel, F. (2006). *Marketing-Management. Analyse, Planung und Ver
wirklichung* (10., überarbeitete und aktualisierte Aufl.). München: Pearson.

Kreutzer, R., Jugel, S. & Wiedmann, K.-P. (1989). *Unternehmensphilosophie und Cor
porate Identity. Empirische Bestandsaufnahme u. Leitfaden zur Implementirung
e. Corporate Identity-Strategie* (Arbeitspapiere / Institut für Marketing, Un
iversität Mannheim, Bd. 40, 2. Aufl.). Mannheim.

Meffert, H., Burmann, C. & Kirchgeorg, M. (Hrsg.). (2015). *Maketing. Grundlagen
marktorientierter Unternehmensführung Konzepte – Instrumente – Praxisbei
spiele* (12. überarbeitete u. aktualisierte Aufl. 2014). Wiesbaden: Springer
Gabler.

Mirror.co. Zugriff: 26.07.2019

Verfügbar unter:

https://www.mirror.co/shop/mirror

Online Fitness. (2019). Zugriff: 26.07.2019

Verfügbar unter:

https://online-fitnessstudios.com/freeletics/kosten/

Richter, I. (2017). Positionspapier. *Orientierung im Markt der Gesundheitsapps.*

Zugriff: 17.07.2019

Verfügbar unter:

https://www.bitkom.org/sites/default/files/file/import/Bitkom-Orientierung-im-Markt-der-Gesundheitsapps.pdf

Saal, M. (2013). Warum Vodafone seine Corporate Identity überarbeitet. *Gregor Gründ gens im Interview.* Zugriff: 14.07.2019

Verfügbar unter:

https://www.horizont.net/marketing/nachrichten/Warum-Vodafone-seine-Corpo rate-Identity-ueberarbeitet-Gregor-Gruendgens-im-Interview-116491

Schaffrinna, A. (2015). Neues Corporate Desgin für Daimler AG. Zugriff: 14.07.2019

Verfügbar unter:

https://www.designtagebuch.de/neues-corporate-design-fuer-daimler-ag/

Statista (2019). Fitness. *Deutschland.* Zugriff: 17.07.2019

Verfügbar unter:

https://de.statista.com/outlook/313/137/fitness/deutschland#market-revenue

Weis, H. C. (2012). *Marketing* (Kompendium der praktischen Betriebswirtschaft, 16., verbesserte und aktualisierte Auflage). Herne, Westf: NWB.

6   Tabellenverzeichnis